ONÍRICO

1999-2004

Onírico
(Pseudopoesía)

Fredy Alberto Polo Osso

Ilustraciones por el autor.

Primera edición
Neiva – Huila – Colombia 2023
La Tecleadera editorial

www.latecleadera@blogspot.com
latecleadera@gmail.com

ISBN 978-958-49-8858-4

Sueño el ocaso,

precedido de anochecer sangriento.

Sueño la noche,

cual si fuera ave de oscuridad.

Deseo tu silencio

       …prófugo.

Dejo a un lado mi mente vulgar,

mi espíritu proxeneta

       …transparente,

y ante ti doblo mi humanidad.

Ahora dime.

¿Qué es lo que deseas?

Aquella fue la frase que el mago dejó al aire antes de emprender el camino a las remotas cumbres del fin del tiempo.

Cabalgaba sobre unas sandalias de cuero amarillo obsequiadas por una olvidada amante.

La travesía era larga, no tenía mucho pero necesitaba poco. Llevaba sobre su espalda una mochila raída color tierra húmeda, eficaz para ocultar sus reliquias de los profanos ojos del mundo.

Era alto y delgado; su palidez hacía juego con su cenicienta cabellera. Vestía túnica tejida con hiedras que se habían enredado a su paso por el mundo y sobre ella colgaban dos plumas de cisne azul (si es que existían) muertos por un perdido y melancólico cazador en un remoto lago del sur. También traía un largo y encorvado bastón, abandonado por un duende distraído antes de partir hacia las tierras del olvido.

Recorrió ocho continentes que con los siglos fueron tres (porque el espíritu de la naturaleza así lo había deseado). Pero por más que deambulaba no vislumbraba ni el más remoto indicio de aquellas míticas cumbres, al final, ya enojado, decidió descansar en una roca que antaño había sido dragón.

Recordó la tormenta de agosto en un antiguo reino. Revivió la imagen de un lirio moribundo en un atardecer de arreboles entre las ruinas de un castillo mientras saboreaba una manzana robada del árbol de un jardín cercano. Sonrió al sentir la bolita de mierda que una golondrina había dejado caer en su rostro en un amanecer bajo la sombra de un samán de las montañas. Y así pasó varias horas, rememorando y divagando. Finalmente se incorporó sobre su agotado cuerpo y decidió mirar atrás.

Onírico

Penitencia después de maitines

Era la ciudad en alguno de sus lugares suntuosos, con prados inmensos y ocasionales árboles de frondosas ramas sobrevivientes.

Al parecer llegaba una lejana noticia que con premura se tornaba cercana. El hombre multimillonario había decidido traer su imperio de lujuria a estas tierras y eso daba mucho para hablar.

La edificación guardaba cierto parecido con un castillo medieval pequeño y en ruinas, sin embargo, ese toque elegante contrastaba con las hileras de personas desnudas que lo rodeaban, retozando en jardines externos plácidamente. Al principio pensé que eran hombres, pero entre más se esclarecía la escena, más entraba en duda; algunos en efecto lo eran, otros tenían contornos femeninos pero genitales masculinos, el resto eran mujeres, solo unas pocas de belleza moderada.

Al estar frente al lugar me percaté que no era tan inmenso, aunque sus distintos niveles le daban algo de majestuosidad. Sus muros no eran de piedra, estaban construidos con una extraña mezcla de bahareque y ladrillos pintados de color blanco, todo aquello carcomido por los años.

Recinto de sexo y lujuria desenfrenada, -pues prostíbulo no podía ser- simplemente en sus múltiples pisos, que terminarían siendo uno solo, la mujer que quisiese ofrecer su cuerpo a todo aquel que llegase, plácida y desinteresadamente se entregaría, sin ningún pago a cambio, solo el sencillo anhelo de placer. Al parecer era algo cotidiano.

Decenas esperábamos fuera; la mayoría jóvenes imberbes impacientes imaginando las prodigiosas hembras que nos recibirían. Después de largos minutos las puertas se abrieron de par en par y raudos e impúdicos entramos.

Ahora que lo recuerdo, al estar allí no reparé demasiado en el diseño y decoración (si es que la tenía) del lugar, pues mi mente estaba atenta en otras cosas. Su forma rectangular me trajo a la memoria el piso de un hospital. Un único pasillo inmenso cubierto con baldosín blanco que con el pasar de los años había tomado una tonalidad amarilla; su techo de cemento con tres bombillas fluorescentes y algunas telarañas empolvadas, daba sentido de inmensidad cohibida. Las habitaciones; tres o cuatro a cada lado, rodeaban por completo el salón o pasillo principal, cada una con dos camas frías cubiertas con pálidas sábanas. Todo allí era uniforme, asesino de ideas, asfixiante, vacío, donde la única variedad venía acorde al paso del tiempo.

Como se suponía, había mujeres por doquier, algunas con miradas anhelantes, otras indiferentes; muchas hablaban jovialmente entre ellas, no sé de qué ni me importaba.

Las más hermosas reían en los brazos de unos tipos que pareciese llevaban horas o días allí. Pero eso no importaba, la multitud daba paso a la oportunidad. Nosotros los recién llegados nos dimos a la tarea de escoger nuestra compañera. Mis anhelos se fueron opacando rápidamente. Muchas presentaban rasgos toscos, con obesidad desorganizada, piel áspera y miradas carentes de gracia. Las más bellas portaban un uniforme ridículo que asemejaba al de una enfermera. Y estas en cuestión de segundos eran acaparadas por otros menos observadores y más ágiles.

Yo me empezaba a sentir extraño entre tanta multitud jadeante, pero continuaba en mi búsqueda: unas muy blancas, otras muy feas;

unas con piernas flacas, otras con nalgas planas. Si encontraba alguna que sobresaliera entre tanto caos la dejaba allí esperando encontrar alguien acorde a mis ideas de belleza más adelante. Al terminar mi recorrido volvía por ella, pero está, como era de suponer, no estaba o estaba debajo de algún hombre.

Así pasaron las horas, unas llegaban y otras salían, ninguna me llamaba la atención. Por alguna extraña razón, muchas tomaron cierto aire de preñez, contemplándome con miradas lujuriosas pero que en el fondo eran maternales.

Al final de todo aquel ajetreo, dos adolescentes llegaron y se acostaron en unas camas vacías. Tenían la piel bronceada, tetas grandes y traseros voluminosos aunque caídos. Me acerqué y les pregunté en tono diplomático y bastante ridículo dada las circunstancias, si estaban ocupadas. Me respondieron que no. Lentamente me aproximé a la de tetas inmensas, ella se desperezó en la cama, tranquilamente y aun con su ropa puesta me abrió sus piernas. En una actitud poco usual, me fije en sus pies y vi que estaban sucios, con las uñas largas y mal cuidadas, sentí repugnancia y salí. Ellas no se inmutaron.

Quedé parado en la puerta de una habitación, viendo como el edificio iba quedando vacío. Miraba la salida con cierto dejo de frustración. Pero de forma casual me llamó la atención una morena de ojos rasgados, estatura media, robusta, con piernas cruzadas por estrías, pechos pequeños y hasta donde lo permitía el color de su piel, rosados. Estaba acostada en una cama del pasillo, cubierta pobremente por una sabana. Con su mirada me invitó a seguir, yo asentí con mi cabeza, ella se levantó; Una cabellera rizada y corta cayó sobre sus hombros. Los dos entramos en una habitación solitaria.

Pocas personas quedaban en el edificio. Me encontraba en uno de los extremos del pasillo, en el punto de unión de dos cubículos, no sé cómo, pero atravesé una de las paredes; al parecer conocía el mecanismo secreto para atravesar los muros.

La escena que se reveló ante mí no dejaba de sobrecogerme sin importar lo familiar que me resultara. La iluminación estaba dada por teas colocadas en las paredes del torreón. Por escalinatas espirales, algunas de madera, otras de piedra, se llegaba a distintos niveles repletos de libros. Un aire cálido y suave recorría todo el lugar y se confabulaba con la oscuridad dando origen a imágenes y sonidos un tanto trémulos.

El plan había sido meticulosamente diseñado. Qué mejor forma para ocultar una antigua biblioteca que una casa de lujuria...el disfraz perfecto. Yo pertenecía al grupo de bibliotecarios, antigua orden de guardianes del saber.

Salí y volví a entrar, pero esta vez acompañado de una mujer delgada, rubia y de unos treinta años.   Yo trataba de mostrarle todas las maravillas ocultas, pero ella estaba demasiado preocupada por no caer de los escalones al vacío, caminando insegura y lentamente por ellos. Finalmente decidió romper los tacones de sus zapatos y seguirme descalza.

Pasaron muchos días, no sé cuantos, pero de nuevo estaba ante la edificación; Ahora se veía más vieja, deteriorada, su cuarto de hora había pasado, solo quedaban los desechos.

Entré tranquilamente, pues iba a cumplir mi trabajo en el torreón interior. Cuando estuve en el único piso con sus múltiples habitaciones, todo me pareció lúgubre y desolado. Todas las habitaciones estaban llenas de mujeres que entre sus miradas lujuriosas imploraban piedad. Podría jurar que eran incapaces de levantarse de sus sucias camas. Algunas estaban en embarazo, otras ya habían parido. ¿Dónde estaban sus hijos? no lo sé, pero aun conservaban los ropajes sanguinolentos y malolientes del parto. Irónicamente muchas esperaban apacibles a un hombre que las tomara. La mayoría me veía y lanzaban miradas dulces llamándome de forma cariñosa, lo que daba a entender que yo había frecuentado ese lugar. En realidad lo suponía, pues no lo recordaba.

Al llegar a uno de los cubículos, vi en ella a una de las despampanantes "enfermeras" de la primera ocasión, tirada en una cama, esperando algún amante extraviado. Sentí lastima, la piel de todo su cuerpo a excepción de la cara, estaba podrida, oscura y lisa.

Ingresé a la biblioteca, revisé algunos libros y salí por un pasadizo que daba al templo de la localidad.   Mientras me dirigía a casa, comprendí que si alguien, en algún momento se preguntara sobre el verdadero tamaño de la edificación y calculara el espacio que ocupaban todos los cubículos, inevitablemente descubriría su secreto.

Onírico

La partida al silencio

Eran los espacios crepusculares rozando una noche de inusual claridad.

Me encontraba en una casa de paredes altas carentes de adornos con corredores entrecruzados en laberintos; tal vez la casa de mi abuela, tal vez cualquiera. La inmensidad de los potreros repletos de charcas pululantes de vida al amparo de las montañas silenciosas impregnaba todo el ambiente de un acogedor e insípido calor familiar.

Bien podría tratar de dormir o hacer cualquier otra cosa, no extraña pero si poco frecuente para las altas horas de la noche entre los muros, camas, asientos y cuartos de aquel lugar. Esperaba. Pasaron días hasta que ocurrió. Fue solo un presentimiento que se tornó en inocua sensación de vacío en el pecho. Luego, la presencia absoluta aunada con la incertidumbre de saber si era benévola o malévola.

El tiempo transcurría y mi inquietud también, hasta que escuché su voz; Híbrido de sonidos masculinos, felinos y femeninos, en algunos momentos con tonalidades metálicas resonantes. Tranquila y cariñosa ordenaba o simplemente comentaba; yo, cual fiel siervo, sencillamente trataba de complacerla.

Muchas noches recorrí las sabanas al amparo de la luna creciente y las estrellas, descalzo entre matorrales, charcas, dormideras y renacuajos sonámbulos. Buscando.

Por algunas épocas permanecía en silencio, luego, de nuevo regocijaba mi existencia; Oculta en el vacío, misteriosa, sensual y femenina… sagrada.

Una noche decidió romper su silencio espectral y mostrarse tal cual era. Por desconocidas y etéreas razones me citó a cierta hora y en cierto lugar; como siempre, al anochecer.

El día fijado llegó y allí estuve, frente a la casa de una remota amiga de la infancia, en dicho sitio se arremolinaban centenares de personas. Entré. De nuevo muros y paredes laberínticas. Algunos parroquianos me acompañaban, aunque yo nunca había hablado sobre ella, querían conocerla.

Recorrimos habitaciones que se comunicaban entre sí hasta llegar a un humilde cuartucho, con un mesón de cemento sencillo que servía de cama, una mesa diminuta y una butaca. Ella estaba allí; transparente… meditabunda. Vestía un traje que le llegaba a las rodillas, de color simple y corte uniforme. Me miró cariñosamente, con ojos de animal nocturno.

Era blanca y delgada, de cabellos rubios sin peinar, rostro agónico y hermoso. Mis labios profesaron alguna palabra intangible antes que la multitud y la algarabía que llenaba el lugar me alejaran. Ella perpleja observaba y antes de desaparecer de mi vista, me sonrió.

La vería al otro día con más calma. De nuevo estuve en la casa cerca del anochecer; pregunté y la familia anfitriona me dijo que siguiera, que demoraría un poco pues se estaba bañando. Yo esperé. Por una pequeña rendija de la puerta vi que ya se había vestido. Tenía un traje rosa. Al verme, rápidamente me saludo mientras terminaba de arreglarse. Se marchaba, tenía prisa. Se sentía en el ambiente una pronta persecución. Un hombre de nuestra edad se encontraba en la habitación, y presuroso se alistaba. La acompañé.

Los tres salimos, el tiempo se agotaba y era necesario ocultarla, o al menos tratar que pasara desapercibida mientras atravesábamos las calles. Su rostro ya no tenía un semblante agónico; Irradiaba fuerza, majestad y una bondad inmensa. Mientras caminábamos sin un rumbo aparente, hablábamos de banalidades. El otro hombre, nunca dijo una sola palabra y siempre iba a la delantera, cuidando no hubiese sorpresas.

Al rato llegamos a un rancho de bahareque empotrado en la parte alta del pueblo, al lado de un sembradío al borde de un precipicio. Algunas de sus paredes ya estaban en el suelo. Entramos por una abertura sellada con alambres oxidados. El piso era de tierra, el techo de paja. Había pocos enseres. Un joven amigo mutuo nos esperaba. Me presentaron mientras nos sentábamos en el suelo. Yo sonreí y dije que lo conocía, que había estudiado con él en la escuela. Él no lo recordaba. Ella se sentó a mi lado y me dijo que en unas pocas horas se irían para una ciudad lejana donde podría estar a salvo.

¿Qué sería de su vida? No lo sabía, por desgracia ese era su destino. Yo le di cuanto numero telefónico y dirección tenía para que se comunicara conmigo. Ella hizo lo mismo, aunque sus indicaciones eran vagas, pues tendría que sobrevivir en la clandestinidad. Solo tenía el teléfono de un familiar carnal que poco la estimaba. Ella sabía que tenía que explicarme muchas cosas sobre su anterior estado, había un mensaje pendiente, ambos teníamos mucho que compartir. Por desgracia las circunstancias no le eran favorables, ya era hora de partir. Me miró con semblante triste y espíritu de resignación ante la vida de miseria que le esperaba. Nos dijimos adiós y se marchó al amparo de la oscuridad y la protección de sus acompañantes.

Me pregunté como la encontraría de nuevo, y dudaba que ahora, en su estado carnal pudiese comunicarse conmigo como anteriormente lo hacía. Solo me consolaba el hecho de que aquel hombre la cuidaría y pensé si no sería él, acaso, su futuro esposo.

Como si las cosas fueran distintas.
Aún bajo la sombra del sol sonriente
repleto de años y juventud.

No son excusas,
porque no sé cómo se escriben,
por eso no me preguntes,
solo responderé con historias de silencio
murmuradas por duendes
ridículos y amistosos,
sentados disfrutando del buen vino.

Sugiriese buena gramática,
en la prosa o verso carente de poesía
de esta noche,
no me culpo si cada cuatro vueltas
la melodía es diferente,
y solo me queda el anhelo
al sabor de la cerveza y el humo
en una silla oscura.

Como si todo fuera diferente

Onírico

El retorno a la inocencia

Aquella noche al salir, la suave y tranquila brisa rozó mi cuerpo; Las estrellas titilaban en aquellos lugares que aun no habían sido ocupados por andariegos nubarrones. El silencio siempre predominaba en los días de entre semana; La gente se quedaba guardada en sus casas viendo la TV, otros preferían salir a la esquina más cercana y hablar de cómo marchaba la cosecha, del chisme reciente o tardío; eso no era de importancia. Los más arriesgados (especialmente los jóvenes) salían al pequeño y desarreglado parque a comentar una y otra vez sus aventuras o a jactarse de alguna nueva hazaña, pequeña pero significativa, al final todo terminaba en risotadas. Yo solía hacerlo en mis años de colegio, pero ahora la mayoría de mis compañeros estaban en otras partes y ya no había mucho que decir.

Deambulé por las calles como si no llevase rumbo fijo, aunque sí lo tuviera.

Recordaba el viejo pueblo que en mi corta vida poco había cambiado. A mi parecer todo seguía igual: las mismas calles cubiertas de asfalto, las mismas casas pintadas de otro color; Los viejos con más arrugas, los adultos con ideas diferentes pero que en el fondo eran las mismas, los jóvenes un poco más estúpidos y los niños un poco más inquietos. Todo se repetía y no dudaría en pensar que la brisa que ahora me acariciaba fuese la misma que años atrás elevara mis aviones de papel sobre las casas de tejados amarillos y mugrosos, sobre niños corriendo, sobre los viejos hablando y jóvenes riendo; en pocas palabras, sobre el pueblo que siempre había sido.

Lelen trae la brisa pasajera.

La brisa de la ciudad fría

que yace en la mente perpleja

del niño aquel.

Sonríe cubierta de hojas

/verdes aún/

que caen de los árboles

altos y no ancestrales,

que mecen los deseos

de las golondrinas y los mirlos

en sus ramas,

mientras la niña vestida de azul

suave y abrigada

me invita a jugar.

Gira que gira

junto al milagro

pica que pica

sobre un ramito

la brisa canta

de los jardines

es la mañana

de una varita.

La mariposa

de blanca rosa

el colibrí

de verde ají

y trae aromas

de la casona

que surge ufana

de mejorana.

Eleazar libreros

Versión del niño Fredy

Fin de la inocencia

La concepción

Hay momentos en los que la lluvia cae,

cae sobre las calles empedradas,

sobre las hojas del árbol viejo,

cae sobre el silbido del andariego,

del perro vagabundo,

de la risa libertina.

Hay momentos en los que la lluvia cae,

cae sobre el techo de mi casa,

sobre su herrumbre;

cae sobre la bombilla indiferente,

sobre el andén vacío

de mis recuerdos.

Siento su frío en mi piel,

pero no es el gélido tacto,

solo es su memoria,

porque me regocija y me abriga

me lleva al pecho de la mujer amada.

Trae sus pezones duros y rosados

tocando mis costillas;

sus piernas suaves y envolventes,

recorriéndome en caricias infantiles.

Me envuelve bajo su ropaje.

Al final poco es lo importa,

solo oculta el sexo

promesa que será al amanecer

/Santuario/

Su cabello de olor a selva moribunda,

su mano en mi brazo

su mirada juguetona,

oculta entre párpados somnolientos,

su boca sin maquillar,

su aliento de mujer.

/Sueña soñador/

Me susurra.

/Eso intento/

Contesto

Hay momentos en los que la lluvia cae,

cae sobre mi mente andariega,

sobre mi cuerpo solitario.

Hay momentos en los que la lluvia cae,

cae,

sobre mis anhelos...cae.

No solo son palabras.

No me justifico, aunque dentro de mí siento el deseo de ser.

El ángel posó su fría mano sobre el huesudo hombro de aquel que escribe y con la sonrisa oculta entre tantos labios, acercó su viejo y brillante rostro al oído petrificado ya por tantos sonidos y me murmuró.

No fueron sonidos, ni colores, ni vientos, ni fuegos, ni miradas, ni manos, ni palabras; tan solo el murmullo sibilante del arcano.

Y ahora, en la soledad anhelada por ser noche estrellada, ante los espejos de las melodías escuchadas por mis padres jóvenes en el pasado, me pregunto:

¿Qué querría decir aquel ángel?

El silencio,

lentamente,

casi en forma indetectable abarca la inmensidad del pueblo; se distingue aún entre el bullicio de la gente que muchas veces he visto y que no conozco. Hoy todos guardan silencio, son muy pocos los que desean hablar y si lo hacen es para consultar las mismas cosas, para recorrer el mismo círculo... giros.

Todos están inmersos en sus pensamientos, construyendo murallas de mentes, ideas, miedos y piedad. Todos quieren gobernar su reino, ciegamente, cotidianamente, tal vez, y con un poco de esfuerzo...anárquicamente.

Silencio callado y joven que caminas sobre las cabezas empedradas de las bestias estatuarias y andantes, conjurando palabras de miedo en rincones verdes y mohosos donde los niños mezclan la saliva con el canto rutilante del grillo; respirando el verbo inmoral que preña la mente de aquel con ojos rasgados y piel tierra que hoy, más que nunca desea ser polvo, abono de caracoles pálidos por no querer traer a la memoria los gusanos.

Silencio de vida en barrito de muchacha, en cara joven y sonrisa de niño que retumba entre los saltos escasos y piedras redondeadas de la quebrada asustadora de simples y casa de cangrejos oscuros y según cuentan los abuelos, comedores de mierda.

Silencio de ideas.
Silencio de pasión.
Silencio de no vida porque la muerte es otra cosa.

Silencio callado, sentado en el andén de mi casa pálida ¿qué me quieres decir?

"Jesucristo... Jesucristo...". Escucho la canción del rey del despecho (olvidé su nombre) la están colocando en una cantina cercana; y me trae recuerdos de noche, brisa acariciando mi cuerpo, calles solitarias, gente sencilla, sonrisa de mujer inocente y tierna, ojos profundos y juguetones. Me trae recuerdos de amor; bellos recuerdos...sí, recuerdos.

Es tarde y no hace sueño, por eso escribo; además lo necesito.

En estos días la razón ha penetrado por todos los rincones, no ha dado tregua, en ocasiones agota, otras veces no.

En estos días el ego ha sido lastimado, vilmente lacerado por preguntas inquisidoras de personas tontas.

En estos días el amor ha deambulado por estas tierras, pero ya no como el gran señor, sino como mísero vasallo que puede caer a los pies de la poderosa y fastidiosa razón. Gracias razón.

En estos días la pasión acompaña al amor; pobre vieja, siempre buscando un hogar cálido donde abrigarse. Pero aquella encorvada silueta tiene artimañas que le permiten escapar de la espada inquisidora de la rectitud.

En estos días la libertad corre por mis venas prisionera: Libertad de grito, libertad de duda, libertad de no amor, libertad de amor, libertad de vida, libertad de suspiro, libertad de mirada oscura y profunda, libertad de libertad. Libertad de firmar el acta de libertad ante todos los mortales y no mortales.

En estos días la mentira ataca y se esconde; como siempre lo ha hecho.

La causa

Génesis de la caída

Hace calor, pero una brisa suave y silenciosa recorre todos los rincones. Los grillos y los perros se escuchan por doquier. El cielo es inmenso, luminoso y con gigantes nubarrones, palacios de los señores del trueno.

Los hombres duermen junto a sus mujeres. En las camas los niños sueñan. Las criaturas solitarias deambulan en las montañas cercanas bajo la luz de una luna…su luna; misteriosa, vieja sin llegar a los confines de la antigüedad.

El recuerdo se desliza por cada calle, por cada casa, cada grieta y llega a mí.

Cuando la sombra cubrió mi cuerpo con el brillo
de las miradas centelleantes de los hijos del frío
inerte y la hojarasca, se encendió la mecha
ancestral y corroída de mi mente; renací.

Recorrí las calles mil veces pisoteadas por los
mismos pies,
mil veces rociadas por las mismas lágrimas,
mil veces quebrantadas por los mismos puños,
de todos aquellos fantasmas
susurrantes
de epístolas y antífonas
herejes.
Espectros dichosos en su propio llanto,
confundidos en sus risas.

Mi pie ágil y frágil,
pálido,
profana la tierra de los muertos,
acariciado por la suavidad y el misterio del
lodazal.
Decide frenar su marcha,

dormir en el manto de la materia,

nunca más apartarse de su esencia;

arrastra consigo el cuerpo y este

como vil ramera,

acepta con placer su decisión.

Odio transformado en grito,

lamento de almas prisioneras en la eternidad

a punto de ser ejecutadas,

amantes de la mirada

profunda e indiferente.

Luchamos,

hacemos tanto el amor como la guerra,

contra ti, contra mí.

La brisa acaricia mis inexistentes cabellos

y me increpa;

siento su aliento gélido y apacible que ansioso

espera mi palabra,

y huyo.

Mi rapidez casi líquida tropieza con la piedra,

y ella, desde su ligero sueño me interroga,

me recorre con su ojo milenario y especula,

Ahora ya no soy el que ve,

solo dejo mi sombra.

El fuego de la vida me llena,

se escabulle entre mis entrañas

de átomos estáticos y risueños,

y se extravía en el laberinto

que entre asombro y placer he creado.

Y es aquí cuando lo observo,

sentado sobre su propia magia.

Él sabe la verdad…

duende miserable, de faz resplandeciente y

serena,

señor de lo suyo,

hijo de la única madre.

Su mirada libertina y sabia no me infunde temor;

ha descubierto que mi verdad no existe,

pero no juzga,

porque mi mentira es su mentira,

mi palabra está en sus labios,

y mis labios son su palabra.

Maldito sea el frío que siempre anhelo,

que siempre me acompaña en las cruzadas de

muertes olvidadas, con promesas de vida eterna

y aniquilada.

Maldita sea su sombra,

que me aplasta y me devora

que perturba,

que rompe los sacrílegos vasos

de la ignorancia y la dicha,

que escupe de cara al sol y lo apaga,

y si no lo apaga

lo apacigua.

Maldito sea su hálito,

su mano yerta y sabia

        /como no lo alcanza la cálida/

que hiere y quema

y vuelve y cura por su misma calidez;

de labio tierno y sosegado,

maternal y libertino,

en la misma cama,

sin amantes invisibles ni materiales,

sin falos obscenos ni montes perforados.

Fui apóstata de religión sin dios,

y tú,

con la mirada verde de hojas en vida...

/y con vidas/

me diste de beber del cáliz de la sangre

redentora,

que ruge y corre por las venas de aquel que

aún no ha sido sacrificado,

pero que precipita su muerte

con voces de alegría y espanto,

ante las paredes de la calle

oscura y solitaria,

de aquel rincón,

que una vez fue río y hoy esconde

susurros,

sonrisas y palabras...

/infantiles/

de hombres ya ancianos,

ya roídos…

viejos.

Por eso te maldigo.

Me abandonaste a la luz y al amor,

cuando yo partía y tú corrías tras las hojas del
árbol viejo.

Te agachaste cuando el calor solar

abrazó mi cuerpo y lo llenó de vida somnolienta
y lujuriosa.

Permaneciste indiferente ante el aroma de la
mujer en celo,

y me recriminaste con tu voz de brisa,

cuando yo,

como antiguo caballero

doblegaba mi rodilla ante la princesa y reina de
las tierras no nacidas.

Como asceta miserable

te refugiaste en tus recintos,

al amparo de las criaturas de ojos profundo y
fugaces, bajo el sonido del crepitar en leña

milenaria y goteos de acordes puros y
angelicales;
ajeno a mi sufrimiento,
a mi vida
a mi dicha
entre seres calurosos y salados,
hermanos de mi carne,
Sensuales.

Y hoy vienes con estruendo de cuernos y
trompetas marinas, ensalzado en el fuego que
quema y mata,
te arrodillas a mis pies malolientes y me
entregas tu maldito recuerdo.

Sonríes,
y en tu sonrisa oculta reconozco tu sabiduría
te humillas,
porque sabes que soy sacerdote y guerrero.
Porque presenciaste el nacimiento de mi alma y
la gélida y pura mirada de millones de ojos
atentos que buscaban ansiosos la verdad.

Sabes que el hielo se ha transformado en rayo

pero no por eso deja de helar.

Por eso te maldigo

porque hoy de nuevo estoy ante ti, en busca del

antiguo saber

aquel saber que ocultan entre sus alas

los sagrados seres de la noche.

Amnesia total

Fue particularmente extraño el momento en el cual ella entró. Las hojas que caían de los árboles se arremolinaron en un rincón y la brisa transportó cierto aroma de selva virgen con trazos de agonía.

La luz lánguida del sol del atardecer cubrió su rostro de facciones de muñeca de mercado, recordando aquellas imágenes pétreas de mis sueños.

Entró sin mayor preocupación; cruzó el pasillo con paso lento y moderado, colocó su anticuado maletín en una butaca cercana y con la ceremonialidad propia de su carácter se sentó en la mecedora roja que había comprado el año pasado; se balanceaba rítmicamente observando las cerámicas en forma de pájaros tropicales que colgaban del techo. Era hermosa, irradiaba en forma sorprendente tanta ingenuidad que muchas veces llegué a pensar que mentía, que solo aparentaba; con el tiempo me convencí de lo contrario, tan solo era una cría enjuta en un cascarón de mujer. Me senté en el suelo junto a ella. No se inmutó, absorta estaba en su mundo, nada parecía importarle, solo su descanso. Esto me permitió detallarla en su totalidad, palparla con mis ojos inquietos hasta su última partícula. Pasaron horas y ambos, como si fuésemos rocas quedamos mudos.

Al amanecer ella despertó y con una injustificada expresión de satisfacción se levantó, entró al baño; tras un rato fue a su habitación y cuando ya estaba lista para salir al trabajo se acercó, me dio un beso en la frente y con su acostumbrada ternura se despidió:

-no olvides lo de ayer, hasta hoy hay plazo, adiós.-

¿Qué pasa si extiendo mi mano al vacío y dejo que este penetre mis huesos?

El vacío cabalgará en mi sangre roja de tanto robar el color y la vida a las rosas moribundas tiradas en las calles que conducen al cementerio.

Tomará tren expreso tirado por corceles encarrilados en palabras de ancestros silenciosos, fumando su tabaco narcótico y seco, mientras esperan recordar lo que ha de venir.

En un amanecer de sol redondo y amarillo, cruzado por pájaros de agua y viento, llegará ufano a mi corazón; sima de mi ser, profundo y ahogado en tantos torrentes de vida y color. Tomará piedra en la base del templo allí asentado; mil y una vez, como las noches, se dividirá en vacíos alados, emplumados, picudos, fugaces e inquietos, y como sangre en desfiladero de falso santuario me conquistará, me manchará, me hará explotar de nada, esperando la llegada de la noche, para que con la misma mano, no se si ingenua o traicionera, escriba un proyecto de poema nacido de la nada.

Visiones de una luciérnaga al anochecer

Ronda rondín, ronda rondon.

Miren al enanito verde

con un corazón bonachón

que se ríe y se pierde.

Allá va el pastico azulito,

tarareando la canción y el estribillo,

tirarara, rarara tiriri

si yo no estoy ya, ¿quien esta aquí?

Ronda rondín, ronda rondon,

miren al diablillo pillo

bailando en lo alto del balcón,

Saltando y cantando como un grillo.

Allí viene la bola roca,

negra, negrita como el silencio

rodando, rueda que rueda y suena

gritando tanto que ya casi truena.

Ronda rondín, ronda rondon,

allí viene el vacío encima de un dominó.

Diablillo pillo,

bola roca,

pastico azulito,

corazón bonachón,

en un suspiro todo esto terminó.

La criatura yacía al borde del mar inmenso, azul, transparente y profundo. Sus pies inmersos en el agua fría y limpia se enterraban en la arena carente de vida, conjugada con conchas y guijarros verdes y rojos, otros cristalinos y brillantes. Buscaba el sonido gutural de algún ser no semejante, desconocido y confiable, que le llevara lejos de la humedad perpetua en la cual vivía. Levantó su rostro gris al firmamento sin fin y vacío, custodiado por cúmulos hechos cirros, lejanos y brillantes en sus contornos por un astro llamado sol por hombres inexistentes; anhelando la muerte salvadora que lo arrebatase de su prisión de placer diáfano y celestial, que lo aniquilara en mil almas transeúntes en los universos esporádicos que surgían al chapotear las gotas ocasionales en la quietud oceanal de su mundo.

En el ocaso una silueta rompió la perfecta armonía de tonalidades azules.

Oscura y alada le vio la criatura. Su voz no grave, sino alta y tenebrosa retumbó en los espacios uniformes perdiéndose en el infinito sin eco. Su mirada amarilla se posó sobre la alimaña al borde del mar, y entre garras de fuego lo llevó lejos, al mundo de las rocas y calor, entre montañas desnudas y riscos de filos metálicos y mortales.

Los pies y las manos recién creadas se aferraron a la hierba verde y sofocante en la cual había sido depositado. El aroma penetró en su piel y fecundó su cuerpo, que repleto de ramas y raíces, raudo, se alzaba incongruente al cenit, y allí, aferrado a la oscuridad del subsuelo, resoplando palabras de aves multicolores, deshojando sus ideas en otoños y veranos cíclicos, dirigió su ya olvidada mirada alrededor.

Un rumor recorrió sus sólidas entrañas y el bosque respondió con murmullos graves y guturales.

La confrontación

El camino del iniciado

Hoy no quisiera escribir de ti,

hoy quisiera cabalgar al pasado

el mismo que el valor ha destrozado;

antaño,

suave en la brisa del anochecer,

pueril,

con hojas risueñas al caer.

Aquella mujer de rostro múltiple,

profunda me mira mientras toca su rodilla

la mano de aquel que la magia estrella,

sonriendo fugazmente

al vacío de mis ojos, de mi alma.

Niño tranquilo puedes envejecer en este rincón

de locos.

Hoy no quisiera escribir de ti,

pero somnoliento deslizo el lápiz

de tu recuerdo luchando batallas ficticias

al anochecer soleado,

al viernes de vientos fuertes

con silencio ebrio

entre sombras amigas, vulgares,

carentes de frío.

Rompo cobardemente la métrica ingenua,

¿Qué importa ya el orden por mucho tiempo

derrotado?

Solo vale el cajón sonoro

de ecos en mi pecho palpitante,

con llama viva ante el altar de duda,

de ese amor mal llevado

de ese desprecio hipócrita

de la flor ridícula que en poco,

espero, tendrás que recibir.

Levanto mi mirada y el ave nocturna,

tranquila espera la llegada del día.

Reconozco mi rostro inquieto en la luna.

Con su vuelo llega a mi mente todo lo que ya

sabía.

Paciencia...

Perro amigo mío, tú que sabes del silencio de la noche oscura, aconséjame.

Grillo amigo mío, tú que proclamas el sonido de la selva nocturna y diminuta, háblame/

Agua, tú que recorres, que saltas, que formas remolinos de olor a hojarasca, llévame/

Polvo ancestral, hijo de los señores guerreros, inmutables, sin tiempo, escúchame/

Cuerpo, confidente de existencia, perdona las lágrimas, gracias por la risa, llévame con paso seguro por los senderos de lo creado/

Oración lejana, de compañía y soledad, vive para siempre, para yo poder vivir en ti.

El bosque de los árboles viejos

Magdalena era su nombre, si no inderena, era una muñequita de ojos grandes y fijos, de cabellera oscura, vestido largo y tal vez azul. Ella fue a las altas montañas en busca del espíritu invierno, y en la niebla pudo hablar. Entre bosques caminaba acompañada de sus amigos de viaje y creo que nunca más decidió regresar.

Y miraste en profundidad de abismos escabrosos cubiertos por riachuelos pálidos, al sufrir la suavidad de las gotas rugosas de verdes pétalos inertes.

No hay razón de versos cuando los labios herejes de tanta santidad proclaman las llamas de la muerte vestida de ternura mentira, como los armónicos sonidos de violines y bajos que no entiendo.

Quisiera tantas cosas que he decidido olvidarlas al futuro esquivo y rutilante.

Hay días en los que se sabe lo que se tiene que saber; en los que se espera lo previsto, en donde la estupidez no lo es, sino que es la razón disfrazada de niño, en donde todo se tiene que dar.

- Epitafio bajo influjo musical de Silvio Rodríguez.-

Ese día me revisto de alegría y recubro mi piel de yo no sé qué.

Ese día acepto lo sucedido, y lo coloco en mi corazón,
y allí lo abono con sonrisas y palabras,
lo riego con recuerdos futuros y pasados,
lo podo con manos y piernas y dedos y ojos,
y dientes y cabellos y ombligos,
y todo el resto que tiene todo el resto.

Ese día la blanca flor multicolor (paradójica)
nace, florece, grita y extiende sus pétalos al sol.

Ese día mi odio florece, renace, crece y da sus

semillas,

infértiles.

Ese día me alimento de odio,

pienso odio,

transpiro odio,

miro con ojos de odio

y suspiro con alma de odio.

Ese día.

Hoy,

rabia sonríe en mi,

rabia de camino que recorrí y llegué.

Pero no te impacientes,

yo volveré mas tarde

tan solo es la rabia que me ha besado este día,

la rabia del hombre

la rabia que baila

la rabia del calor en calor

la rabia de la piel tocando mi pierna

la rabia de la llamada al triplicado

la rabia que mira con odio

que me mira.

La rabia culo bonito

la rabia mano entrecruzada

la rabia sonrisa ajena

la rabia beso en espalda,

la rabia de no saber,

la rabia de lo mío, solo mío,

la rabia miedo a perder,

la rabia cobardía mía en ella

la rabia risa feliz

la rabia pasado de amor siempre vivo

la rabia adiós nos vemos.

La rabia que no sé que es, pero que esta ahí.

En estos días, como diría el poeta,

ponte alma nueva para mi más bella flor.

Amor sin poesía no es amor,

amor que no engendra palabras no es amor.

Mujer que solo es mujer no es amor.

Amor obligado por el desamor no es amor.

Odio sin amor no es amor.

Pero es amor cada pétalo de aquella rosa que
pronto secará.

Es amor la mirada al vacío,

es amor el conejo suave

es amor el beso y la sonrisa ridícula

es amor la danza, por no llamarla baile,

aunque no encuentre en su ritmo el amor.

Amor es la libertad que hoy proclamo, y que en
realidad, aun no quería obtener.

Los nuevos

reinos esporádicos

Catalina recorre los corredores; alta y blanca entre los sonidos armónicos de los violines lentos y sarcásticos colgados en la sucia pared. Cara de muñeca de trapo, con cabellera al filo de una tempestad huracanada plácidamente en sus hombros delgados, y en mis ojos pequeños redondeados por su cadera y su soñar.

Paso a paso el tacón golpea mi oído y el dedo en pie grande y suave suspira ese polvo reseco y lo humedece en saliva de todo aquel que la ve pasar.

Catalina sonríe con expresión boba, y no concibe su rostro señal de enojo alguno porque la palidez por ceja fina y cortada no tuerce al odio ancestral

Brindo hoy mi copa en tu nombre, en tus ojos brillantes a la luz del sol infiel y a la brisa húmeda y sofocante que mece mis deseos en tu piel.

Catalina no sabe que yo aquí solo sueño en la tonta ingenuidad y curioso recorro sus senderos profundos y superficiales, lisos y castos como las boquillas de las trompetas vagabundas y fumadoras de labios abismales.

Sueño tu imagen ligera y volátil en el borde de mi cama arrugada mientras rasgo el papel mohoso de mis recuerdos con un lápiz desierto y soleado por palabras de verano y mar.

Catalina la mujer con cara de niña que juega con muñecas de trapo en los andenes de su casa ilusoria y elevada, fumando un cigarro, dichoso por morir en sus cortos y simples labios de sonrisa a medio existir.

Recorre con su sombra los pasos de los transeúntes anónimos que la besan con poemas por no poderla convertir en canción.

Lelen recorrió los filos de los ladrillos cristalinos de la gran ciudad…alegre, aunque la expresión carnal llenara de herrumbre los bosques metálicos y llenos de arbustos animales y bestiales sumisos ante la brisa matinal.

Cabello negro profundo, retozando en las llanuras oblicuas, de rubor en lontananza y robles derruidos en las tierras septentrionales inmensas.

La mirada pasajera se posa en ave cubierta de plumas cuboides refractarias a la magia, e impregna al hombre con mirada triste y cara de simio, irónicamente, como su rostro austero, pero menos angelical.

Lelen recorre las calles iluminadas al calor del medio día y del atardecer, a la sombra del árbol fuerte, blanco y cobarde, esperando que el brillo frío de la luz muerta penetre sus ojos oscuros y desencadene el beso melancólico pero esperanzador.

Mientras, el mago observa estupefacto con mirada infantil, ahogado en paradojas risueñas, con la espada envainada, con la mano crepitante de sangre y fuerza.

El ocaso lejano, tal vez ileso a su hechizo. Dos sombras brillan en su lineal final, inocentes, desprevenidas, enraizadas en su pleito, ciegas.

El mago ríe, malévolamente pero sin perder su inocencia.

La morena de ojos oscuros, hoy ocultos en sombra azul, miró desconcertada mi mirada puesta sobre su corazón, lujurioso, blanco, oculto sobre el techo azul.

Caótica, rodeada de nubes en cielos de telas con las cuales silfos desean jugar, surcando los suelos de los bares sobre piernas de maderos de antaño, firmes, lisas y suaves a la mirada del leñador que trepa la mano hacia el cielo, deseoso de obtener aquel sol en fondo azul.

Carmín es la risa de los labios elevados y distraídos, cruzando el mar y el viento en bocanadas de humo…azul.

No malverses mis ojos, ahogados en profundidad y silencio, tan solo son los ojos del hechicero, aprendiz de la brisa y la hierba, que reposa tranquilo a la sombra del sauce que se eleva sobre un horizonte azul. Azul como tú.

Diana fragua sus sueños en canciones pasajeras y sentada consiente al tiempo juguetón.

Así fue como la vi, rodeada de flores en parejas preguntando dónde estaba su príncipe de latón.

Diana da la espalda y desvía la mirada penetrando los arbustos metálicos y sus telarañas; respirando el aire que escapa de mis pulmones en retirada, indagando aquella torre firme en tierras extrañas.

Mi mano toca su mano y firme la mantiene. La pupila abarca su silueta pequeña y tierna, y el labio besa su aliento que va y viene como la luna menguada cubierta de linternas.

Diana muere y resucita en los sonidos del corazón.

Ella no lo sabe y creo que yo tampoco; es una lástima que solo ocurre cuando curioso toco la guitarra en el ocaso y lejos de toda razón.

Diana, la mujer de los ojos rodeados de otoño, paciente forja sus melodías en silencio sin importar que de un viejo poema ya es retoño.

Algo vi en tus ojos, oscuros.

Circulantes de palabras entrecortadas.

Y te vi, rosada odiando el rojo,

con el cabello negro, salvaje y dulce,

ligero, cabalgando en brisas lejanas.

El sonido de tu voz cadencial

surcando los océanos de bosques,

golpeando mi piel de aspecto glacial,

retumbando en templos herejes

ocasionales,

perecederos como el tuyo.

¿Y qué pasa hoy,

cuando ya no veo tu mirada?

igual que ayer cuando soñaba

el hoy un poco distinto;

pero semejante en duda.

Busco, cual animalejo, rincones cálidos que me

traigan tu aroma y tu andar se entremezcla en

historias lejanas, cruzando las calles un domingo

al atardecer. Meditando melodías fuertes y
asesinas, que cobran sin perdón cada gramo de
inocencia rezagada en toda vida.

Incongruencias tal vez gramaticales
bailando las rondas infantiles,
jugando erróneamente
mi proceder innato, salvaje,
cual lobo solitario
como solo tú lo sabes.

¿Mi estrella acaso te encontré?
Quisiera no saberlo,
para así no tener que abandonarte,
tranquila y feliz,
somnolienta en brazos de la bestia
de ojos verdes y corazón putrefacto.

No me odies,
pues transparente es mi esencia
y de cristal refractario
no deseo volver a recordar.

La última batalla

La caída del dragón

El fantasma está aquí a mi lado, con sonrisa tierna, mirada traviesa y pies rosados cansados. Me abraza y coloca mi cabeza en sus pechos, me susurra al oído los vallenatos viejos, acariciando mi oreja con sus labios prostituidos. Me dejo llevar, pero solo en sueño, porque hoy más que nunca la magia reina.

Recordé tu nombre parafraseado en lugares de polvo en suelo pisoteado por almas sin carne. Sentí tu aroma oculto en el cuerpo de aquel hijo de la arena y el sol, ondulante, con el paso curioso y la mirada fija en la frente del reflejo de los miles de espejos circulares y asesinos.

Era esa soledad, la soledad que tú, indiscreta, me regalas; soledad en silla y esquina, con dejo triste en los labios y aroma asfixiante del trigo asado al calor del almibar, cubriendo los cuerpos transeúntes, opacos de ideas y profundos en sueños, que hacen el amor en las calles sin saber el por qué.

Por ti y tu sonrisa recorrí las calles cubiertas de despojos de la bella selva, ya no virgen sino puta descarada, protegida por perros y cajitas de cigarrillos.

Fue curioso sentir la suavidad de tus pies en mi barba anónima, mientras departía la falsedad de este sueño de mundo con los que avivaban las hogueras infantiles en las mentes proscritas del niño oculto entre sombras de árboles curiosos.

He sido un buen fósil, paciente por vidas para llegar a ti, y soltar la sonrisa boba, porque no me sale tierna, y dormir a tu lado hasta el próximo amanecer.

Quisiera escribirte un verdadero poema, un soplo de brisa lejana recorriendo las calles refractarias de agua y con poca luz. Quisiera escudriñar mis palabras y mis voces y mis gritos ahogados, con más palabras y colores para describirte, palmo a palmo, en tu sutil geografía accidentada por tantos acordes ajenos. Quisiera cantarte en mil canciones viejas y nuevas, entre cuerdas y tambores, zigzaguear en tus ritmos curvilíneos y ya no fuera de forma; suaves, con pastos finos, nacientes en tierra pintada con rayos de sol y estrellas.

Aunque los fantasmas me acorralan y regocijan, me derrotan y sacrifican, me dan la valentía para confundirte mil veces con ellos, y así, respirarte, sofocarte y asesinarte en cada movimiento de tu corazón.

El atardecer descolgaba sus últimas horas sobre los muros de la casa uniforme y blanca; la ventana de madera carcomida, con estampillas de dioses decadentes y rollizos se encontraba de par en par.

La princesa, sonriente con la mirada al vacío yacía tras ella.

La brisa transportaba hasta mí su aroma, mezcla de perfume modesto y sudor reciente... algo dulce.

Revoloteé por aquel caserío unas mil veces, deseoso lanzar fuego y en mis garras arrebatar el temporal sentido del ser. Me abstuve por sortilegios y truenos impresos en los pisos rojos como el ocaso, colocados allí por algún infame brujo enemigo de dragones.

Paciencia, resoplaron los juncos de la quebrada cercana, mientras vigilante en los montes áridos y colosales, veía estupefacto la caída de muchos soles.

Unos días la vi rosada, como antaño vestían las doncellas que yo sereno devoraba. A veces era azul, enjuta en sus atavíos como hormiga en tela de araña.

Por años toleré gustoso el humo de los incensarios y las palabras iracundas e ilógicas de clérigos perturbados por fuerzas telúricas.

Mimético cual camaleón, me deslizaba por mis sueños soleados en potreros y sabanas de pastizales amarillos con guayabos estériles y gigantes. Rozando mi piel en su hogar, ingenuo en apariencia, mientras, inconsciente, afilaba la daga de mi ceremonial sacrificio.

Fue en una de tantas noches, bajo el brazo fuerte del cazador estelar, cuando tranquilo, deambulando por calles luminosas, acero ardiente sentí en mis costados; La trampa había sido tendida y yo, majestuoso y humillado luchaba desesperadamente en su interior. Los verdugos quebraron mi pétrea piel y con cadenas y grillos, en mallas finas y fuertes como el silencio, fui llevado a mi prisión. Largas jornadas duró mi transporte, y los hombres sombríos pero satisfechos, arrastrado me llevaron - al colmo de sus fuerzas – a mi destino final. Allí, inmerso en muros de fuego y rocas lisas y filosas permanecí: atado, mutilado, vilmente despojado de mi poder, mascullando venganzas futuras, sacrílegas.

Dragón no podía ser más, y como una ilusión fui capaz de morir, soberbio en ríos de calor.

Hace unas noches, ligeramente disuelto en las sombras cual nueva criatura soy, la vi; En boca de madre ajena, multiplicando su vida... alegre.

Las hojas caen, los árboles inquietos murmuran, los animales de ojos profundos, atentos observan al mago sentado sobre las ruinas del templo antiguo, su santuario.

"Una sombra ha llegado, extraño ser que recuerda los míticos dragones" comentan las flores entre sí. Nuevas noticias trae a su señor. Un fugaz brillo brota de sus ojos; de esperanza, de sabiduría…de divina venganza.

Disolución en fábula

Preámbulo y agonía

Sombras que recorren corredores,

vislumbran sonrisas ajenas

conjugan entrecortadas expresiones

sofocan misterios en bocas lejanas.

Sombras que caminan junto a mí.

Sombras de odio vejado y añejo

carentes de principios y porque no decirlo, de

ser.

Sombras prosaicas,

que mastican palabras de ternura

en emanaciones de etílica hipocresía.

Sombras contendientes,

insinuantes y seguras;

oblicuas,

cruzando campos descubiertos

de sueños y obstáculos.

Sombras que anteponen su presencia ante mi

ser,

que son espejos de su vacío

y felices se reflejan entre sí

rozando su cuerpo

estático e imperturbable que las proyecta.

Sombras malditas.

Malditas sombras de amor,

plácido en pastizales de verdor ocasional

para transeúntes de mundos ocasionales.

Sombras de dudas,

incesantes,

alertas,

con la absurda consciencia vigilante

a los pasos de la carne moribunda

que se desliza en ires y venires.

Sombras de fe,

sombras que luchan

con fuego fatuo e hiriente.

Que aniquilan al vacío verdadero

de la gran sombra muerte,

sentada a mi lado,

mirando sin tener ojos que la enraícen

en este mundo de paradojas

que como tantas veces lo ha hecho,

extiende su sombría mano

y acaricia el cabello de quien esto escribe.

Sombras de tristeza claramente infundada

que abraza fehacientemente mi mente

la besan y excitan

con prostituidos labios heréticos,

oscuros,

implantando,

reemplazando todo lo existente,

en las noches de luz estelar en luna nueva.

Sombras de mi ser.

Inmensas y múltiples,

proyectadas al suelo

desde su vacío creador.

Sombras que entre apostasías

proclaman el fin de la mentira.

Sombras cual hoy me veo:

con rostro inmundo,

cuencas vacías

buscando lágrimas extraviadas que llorar,

reposando su forma abstracta

en manos suaves,

que solo poseemos

quienes profesamos la soledad,

no sacra,

sino mundanal.

Recorro el mundo de las sombras

cual sombra de viejo demonio soy,

solamente eso.

Sombras en espera de la claridad del día o de la

profundidad de la noche.

Ahora dime ¿qué harás?

Hoy vi la muerte tirada en una calle, cortando hilos de vida para tejer otros nuevos. La vi como muerte de perro, de ave, de hombre y anciana. La vi en el morbo de todos; en la incertidumbre del asesino sin culpa, en la mirada perdida del cadáver. La vi a mi lado, acechando como siempre.

Aquí rozas mis pinceles,
rojos tal vez de melodías,
tal vez sangre de pesares
acumulados a la lumbre de los días.

Rápida cual camino de acuarela.
Como las horas de amor imaginario
descansas en las calles de escuela
desvaneces tu alma en palabras,
en azares, en burbujas de acuario.

Mi lecho, frío de huesos pensantes,
reniega la compañía de tu escaso calor
anhelante de lupanares y gentes,
yo no sé si buscando la vida o el temor.

La torre y la prisión

En bestia nocturna me he convertido,

sombra recorriendo calles frías al pisar

Vociferando pensamientos obscenos a los

harapientos fantasmas de la basura.

Ser de ojos negros malvados,

enajenando la magia de todo aquel camino que

logro recorrer,

espectro entre piernas húmedas

y de dulce olor

oficiando en templos derruidos

socavando sonrisas monetarias

en bocas añejas de alcohol,

de mentiras,

de bajezas.

Aunque no quisiese que fuesen así.

Animal de entrañas espumantes

tirando a suerte su destino ante las miradas de

mujeres trasnochadas y hasta cierto punto

oníricas.

Tengo doscientas ochenta mil razones para preocuparme,
todas ellas desbordadas en imágenes de formas
perfectas en pieles cubiertas de anocheceres
cálidos.

He perdido la sonrisa,
dejada despreocupadamente en la mesa de
algún antro oscuro y bullicioso
o tal vez, la vendí al mejor postor
para pagar deudas de amor, como si aquellas
existieran.

La luna recorre el espacio
burlando nubarrones de acordes bajos,
estrellando su brillo en las alas
de los seres nocturnos
que hambrientos sobrevuelan la tierra.

Su luz lastima mis pupilas dilatadas, y las hojas
de los árboles caen ante mí tratando
infructuosamente de cerrar mis ojos; mas qué se

puede hacer cuando la visión apocalíptica del futuro, que ya casi puedo considerar como pasado, me escarmienta en escenas que de antemano, mil vidas antes ya había profetizado.

La luna recorre el espacio
burlando nubarrones de acordes bajos,
confundiendo las sombras naturales
con la sombra transeúnte
en la cual me he convertido.
Ilumina mi camino hacia las cuevas
que algunos llaman infernales
refugio de sombras malditas,
desechos de la magia,
nido de cisnes pálidos,
salvajemente amaestrados.

Fábulas

En la tarde, cuando el peludo animal levantó su oreja puntiaguda buscando un sonido remoto y melódico que le recordase su nombre, siglos u horas antes olvidado en algún estanque lleno de peces con la cola azul y cuerpo plateado escuchó el fallido canto de un ave andariega y gris, que penetró sus huesos blancos de piedra mármol, anhelantes de escultor anciano repleto de imágenes estáticas en el espacio, pero eternas en el tiempo.

Dos saltos por cada pata lo llevaron al tronco roído por años, desde donde dio vida al único ojo que podía ver más allá de las formas volátiles de los espíritus vegetales.

Cuan curioso se sintió elevando su forma de bola con patas que saltaban, orejas puntiagudas y ojo soñador; transportado al nido del ave silenciosa que algunos decían ser filosofal, que con crías hambrientas suerte había tenido al cazar presa fácil y paciente respirando aire húmedo en el ramaje de un árbol

más que ancestral.

El arroyo nació en lo alto,

donde las tonalidades grises

oscuras de agua y niebla pesada,

mezclan sus cuerpos volátiles, cristalinos,

fríos de vida, solitarios en multitud;

como notas únicas de piano en sala vacía

como golondrinas azules llevando el sonido al

viento.

Descendió impetuoso en multitud de gotas

pálidas

entrelazando el verde del musgo casi soñador,

golpeando el hocico negro del oso apacible.

Besó con su piel liquida en dorso roca de piedra;

brilló con luz ajena el barro primogénito,

surcó las cumbres sin palabras ya.

Saltó el vacío poco eterno.

El arroyo transparente es,

de amarillas formas puntiagudas,

susurrante en campanillas

doradas y dulces,

rizado y ondulante

por melodías de abejas;

callado a la mirada fija del pez gris

que observa la niña pecosa y juguetona

hundiendo su pálido y sucio pie

en el lodo suave y burbujeante.

Mece la luna dormilona en la superficie

del reflejo espejo,

y de frío titilar hace las estrellas

indiscretas en jirones

de nubarrón lluvioso,

entre el ulular de bestias aéreas y finas

calmando su sed de frío

en su cuerpo líquido.

El arroyo descansa en charca

que pronto será laguna,

inquieta.

Madre de escarabajos eternos

cuna del croar de ranas libertinas,

partitura del zumbido del mosquito

de alas tornasoles.

El arroyo que nació en lo alto,

en las montañas grises

esta noche descansa

en laguna azul y suave,

solitaria e inocente.

Roca sobre roca germinaba el retoño,
no padecía la necesidad de ser.
Era paciente, austero de brisa de otoño,
sufría plácido la voluntad de querer.

Besó ocho mil lunas llenas,
y maldijo unas tantas nuevas.
Surcó los cielos en sueños de estrellas,
acarició con sus hojas
los deseos de las doncellas.

En cánticos de voces graves y casi santas
empolvó sus raíces torcidas de anhelos,
aferradas a la muerte oculta en torres,
altas ermitas de aves
y murciélagos sonámbulos.

Quiso ser augur y casi profeta;
elevar su voz vegetal
como grito de trompeta,
retomar la métrica de sus pétalos vacíos,
enderezar sus futuros maderos torcidos.

El árbol viejo de tanta juventud

dejó caer su peso en la tierra lejana,

y el estruendo fue bello

como las notas de un laúd

sosteniendo su sonrisa

hasta las horas de la mañana.

La mirada del mago

mago

Palabras, todo son palabras. Palabras de verdad, palabras de piedad, palabras de odio, palabras de amor, palabras de mentiras, palabras que nunca han sido dichas. Solo eso, juegos de palabras que se repiten una y otra vez.

Dentro de mil años, guardaré silencio y miraré a la oscuridad del pasado, y me veré. Y en ese entonces comprenderé todo lo que hoy no entiendo, y reiré, y alzaré mis ojos sin carne en medio y respiraré profundo las nuevas dudas que el camino depara.

Luego soñé con peces y culebras, árboles de mandarina y la guerra de esos seres con el mundo.

Soñé con atardeceres apocalípticos y soles indiscretos; con leones depuestos de su trono, condenados en forma de juguetes, que con el paso del tiempo yo reivindicaría en su cargo.

Soñé con esto y mucho más; pero el olvido todo lo arrebata; además, la lógica de un sueño no es la lógica de la realidad.